Inhalt

Zweckgesellschaften - welche Rolle sie für das Liquiditätsrisikomanagement spielen

Kernthesen

Beitrag

Fallbeispiele

Weiterführende Literatur

Impressum

Zweckgesellschaften - welche Rolle sie für das Liquiditätsrisikomanage spielen

G. Dengl

Kernthesen

- Zweckgesellschaften gelten als eine der modernsten Finanzmarktkonstruktionen zur Steuerung der Liquidität.
- Zweckgesellschaften ermöglichen es, mit relativ geringem Aufwand langfristige Forderungen kurzfristig zu refinanzieren und so fast nach Belieben die Liquiditätsausstattung zu steuern.
- So praktisch Zweckgesellschaften auch sind, so gefährlich können sie sein. Letzten

Endes waren es genau diese Vehikel, deren genaue Wirkungsweise von vielen Investoren nicht richtig verstanden wurde, die die Kreditprobleme des Subprime-Marktes in die Bücher der Banken importiert haben.
- Zwei Fragen bleiben: Hat das Liquiditätsrisikomanagement seine Lehren aus der Krise gezogen? Und ist es nun in der Lage, das Risiko komplexer Finanzinstrumente verlässlich zu steuern?

Beitrag

Seit die Auswirkungen der Subprime-Krise Ende letzten Jahres auch hier in Europa spürbar wurden, beherrschen die Themen Liquidität und Liquiditätsrisiko das Tagesgeschehen an den Märkten und in den Risikomanagement-Abteilungen. Eine Schlüsselrolle spielen hierbei Zweckgesellschaften (Conduits).

Liquiditätsmanagement und Liquiditätsrisiko

Das Liquiditätsmanagement sich befasst sich damit, unter Berücksichtigung aller vorhersehbarer Zahlungsströme, die Zahlungsfähigkeit eines Finanzdienstleisters zu jeder Zeit sicherzustellen. Die Aufgabe des Liquiditätsrisikomanagements ist es, sich mit den unvorhergesehenen Zahlungsströmen zu befassen, d.h. mit Abflüssen, die höher ausfallen als erwartet, und Zuflüssen, die geringer ausfallen als erwartet. Da jedes Finanzprodukt eine ganz eigene Liquiditätsauswirkung hat, muss auch jedes Produkt einzeln auf sein Risiko hin untersucht werden. (1)
Beim Liquiditätsrisiko wird unterschieden in
- Zahlungsunfähigkeitsrisiko: Liquiditätsrisiko im engeren Sinne
- Refinanzierungsrisiko: die Gefahr, dass Refinanzierung nur zu signifikant höheren Preisen möglich ist
- Marktliquiditätsrisiko: die Gefahr, dass Vermögenswerte nur zu signifikanten Abschlägen veräußert werden können
Wobei in der Praxis dem Management des Zahlungsunfähigkeitsrisikos wohl die größte Bedeutung zukommt. (6)

Wie Conduits zur

Liquiditätsbeschaffung genutzt werden

Als Conduit wird eine Refinanzierungsstruktur bezeichnet, die mittels einer Zweckgesellschaft Forderungen wie beispielsweise langlaufende Kredite ankauft und diese über die Ausgabe von Geldmarktpapieren refinanziert. Die Laufzeiten der Geldmarktpapiere sind immer deutlich kürzer, als die Laufzeiten der angekauften Forderungen. Gerade in dieser Fristentransformation besteht der Nutzen eines Conduits: es wird unmittelbar Liquidität freigesetzt, die für zusätzliche rentable Geschäfte zur Verfügung steht.
Bei den vom Conduit emittierten Geldmarktpapieren handelt es sich in der Regel um Wertpapiere mit kurzer oder mittlerer Laufzeit sein.
Conduits betreuen meist Forderungsportfolien von verschiedenen Kunden gleichzeitig. Sie bündeln ähnliche Forderungen um diese strukturiert verbriefen zu können. (3)

Riskant: Bereitstellung einer Liquiditätsfazilität

Die Konstruktion Conduit funktioniert hervorragend als Liquiditätsbeschaffungsmaßnahme, solange die Geldmarktpapiere verkauft werden können. Da dies manchmal schwierig ist, stellen Banken den Conduits kurzfristig Liquiditätsfaziliäten zur Verfügung; das bedeutet, dass immer dann, wenn Papiere am Markt nicht platziert werden können, die Liquiditätsfazilität der Bank genutzt wird, um als Conduit dennoch liquide zu bleiben. Dieser Mechanismus wurde ursprünglich ersonnen, um kurzfristige Marktschwankungen auszugleichen. Dabei sah niemand vorher, was passieren würde, wenn Papiere nicht kurz- sondern mittelfristig unverkäuflich werden, wie es mit den Papieren aus dem US-Subprime-Sektor seit nunmehr einem dreiviertel Jahr der Fall ist. Diejenigen Banken, die eine hohe Fazilität für Conduits zur Verfügung gestellt hatten, in Deutschland zum Beispiel IKB und SachsenLB, sind durch deren dauerhafte Inanspruchnahme nun in ernste Probleme geraten.

Um die Gewährung einer Fazilität kommt indes keine Bank herum, denn diese wirken stark bonitätsverbessernd, d.h. verkaufsfördernd, auf die ausgegebenen Papiere. Ohne eine solche Fazilität im Hintergrund wären die Papiere schwer oder gar nicht platzierbar. Oftmals knüpfen Rating-Agenturen eine Fazilität in bestimmter Höhe an die Vergabe eines guten Ratings. (4)

Problem: wie sollten Conduits im Liquiditätsrisikomanagement berücksichtigt werden?

Wenngleich Conduits in normalen Zeiten eine praktikable Liquiditätsquelle darstellen, so stellt sich jedoch für das Liquiditätsrisikomanagement die Frage, wie eine solche Konstruktion und das mit ihr einhergehende Risiko möglichst zutreffend erfasst und gesteuert werden kann.
Im Vergleich zu anderen Risikoarten wie Kredit- oder Marktrisiko hat das Liquiditätsrisiko lange keine große Rolle gespielt. Die Folge: leistungsfähige Risikomodelle sind schlicht nicht verfügbar oder befinden sich noch in frühen Entwicklungsstadien. Es können derzeit mit Müh und Not einfache Bankprodukte abgebildet werden, aber es wird noch einige Zeit dauern, bis die Modelle das Risiko komplizierter Finanzmarktstrukturen, wie zum Beispiel Conduits, verlässlich erfassen können. Solange ist weiterhin ein vorsichtiges Agieren mit Finanzinnovationen geboten. (9)

Fallbeispiele

IKB-Verantwortliche: Liquiditätsrisiko war nicht zu erkennen

Auf der IKB-Hauptversammlung stand die Schuldfrage für die aktuelle Notlage des Instituts im Mittelpunkt. Die Diskussion zeigte sehr deutlich, dass das mit Conduits bzw. Liquiditätsfazilitäten einhergehende Risiko nur schwer zu entdecken und einzuschätzen ist. Weder die handelnden Akteure, noch das interne Risikomanagement, noch die interne Revision, noch der externe Abschlussprüfer KMPG, noch die Bundesbankprüfer haben das Risiko rechtzeitig erkannt.
Es ist im Nachhinein natürlich bequem Vorstand und Aufsichtsrat Versagen vorzuwerfen, aber dabei wird verkannt, dass gerade diese beiden Organe realistischerweise keine Chance hatten, das Risiko in der Struktur eines Finanzinstrumentes zu erkennen, dass jahrelang hohe Renditen erwirtschaftet hatte. (8) Es ist natürlich die Aufgabe des Liquiditätsrisikomanagement solche Risiken zu erkennen und auf sie aufmerksam zu machen.

Whistlejacket: Eine weitere Zweckgesellschaft vor dem Aus

Die britische Zweckgesellschaft Whistlejacket könnte das nächste Opfer der Liquiditätskrise sein. Nachdem sich der letzte Interessent an dem Unternehmen zurückgezogen hat, scheint eine Rettung der Gesellschaft nicht mehr möglich. Nach Angaben von Standard & Poors wäre dies die sechste Zweckgesellschaft in Großbritannien, die insolvent wird. (11)

Weiterführende Literatur

(1) Spezialität im Risikomanagement
aus Die Bank, Heft 04/2008, S. 44-51

(2) Deutsche Bundesbank / BaFin, Praxis des Liquiditätsrisikomanagements in ausgewählten deutschen Kreditinstituten
aus Die Bank, Heft 04/2008, S. 44-51

(3) Subprime trifft Unternehmen
aus Börsen-Zeitung, 01.02.2008, Nummer 22, Seite 8

(4) Turbulenzen an den internationalen Finanzmärkten - Ursachen, Auswirkungen und Lehren
aus Zeitschrift für das gesamte Kreditwesen 02 vom

15.01.2008 Seite 081

(5) Landesbanken restrukturieren Vehikel Institute wollen Zwangsverkäufe abwenden - Mit eigenen Krediten ins Obligo
aus Börsen-Zeitung, 05.12.2007, Nummer 234, Seite 3

(6) Liquiditätsrisikomanagement in kleineren Kreditinstituten: noch Handlungsbedarf!
aus Zeitschrift für das gesamte Kreditwesen 06 vom 15.03.2008 Seite 255

(7) ABCP-Markt legt 2007 den Rückwärtsgang ein Volumen sinkt im zweiten Halbjahr deutlich
aus Börsen-Zeitung, 02.02.2008, Nummer 23, Seite 18

(8) Abrechnung auf der IKB-HV Redezeit von Anbeginn begrenzt - Aufsichtsrat vertagt eigene Entlastung
aus Börsen-Zeitung, 28.03.2008, Nummer 60, Seite 3

(9) Liquidität wird zu einer kritischen Größe
aus Frankfurter Allgemeine Zeitung, 05.03.2008, Nr. 55, S. 24

(10) Vom Charme des Langweiligen
aus Börsen-Zeitung, 15.03.2008, Nummer 53, Seite 17

(11) Zweckgesellschaft Whistlejacket strauchelt
aus Frankfurter Allgemeine Zeitung, 22.02.2008, Nr. 45, S. 21

Impressum

Zweckgesellschaften - welche Rolle sie für das Liquiditätsrisikomanagement spielen

Bibliografische Information der deutschen Nationalbibliothek

Die Deutsche Nationalbibliothek verzeichnet diese Publikation in der deutschen Nationalbibliografie; detaillierte bibliografische Daten sind im Internet über http://dnb.d-nb.de abrufbar.

ISBN: 978-3-7379-0473-5

© 2015 GBI-Genios Deutsche Wirtschaftsdatenbank GmbH, Freischützstraße 96, 81927 München, www.genios.de

Alle Rechte vorbehalten. Dieses Werk ist einschließlich aller seiner Teile – z.B. Texte, Tabellen und Grafiken - urheberrechtlich geschützt. Jede Verwertung außerhalb der Grenzen des Urheberrechtsgesetzes bedarf der vorherigen Zustimmung des Verlags. Dies gilt insbesondere auch für auszugsweise Nachdrucke, fotomechanische Vervielfältigungen (Fotokopie/Mikroskopie), Übersetzungen, Auswertungen durch Datenbanken oder ähnliche Einrichtungen und die Einspeicherung und Verarbeitung in elektronischen Systemen.